(Par Jules Pouilh.)

COUP D'OEIL

SUR

LA CRISE SOCIALE

ACTUELLE.

COUP D'ŒIL

SUR

LA CRISE SOCIALE

ACTUELLE,

SUIVI

d'une Controverse Politique et Religieuse.

TOULOUSE,

IMPRIMERIE D'AUGUSTIN HENAULT, RUE ST.-ROME, N.o 7.

1835.

Une partie de cette Brochure a déjà paru, en trois articles de Journal, telle à peu près que nous la reproduisons. Le reste n'avait pas été publié et ne pouvait guère se publier que sous la responsabilité de l'Auteur.

COUP D'OEIL

SUR LA

CRISE SOCIALE ACTUELLE,

SUIVI

d'une controverse Politique et Religieuse.

§ I.er

NÉCESSITÉ D'UNE OPINION DOMINANTE.

On peut le dire avec la confiance de répéter une vérité utile à répandre, l'égoïsme politique, quelque funeste qu'il puisse être, n'est pas le plus grand fléau des sociétés modernes. Notre époque ne manque pas seulement de fonctionnaires ardens pour le bien public, d'hommes privés prêts à faire par dévouement ce que les premiers devraient se prescrire au moins par devoir, il manque aussi de doctrines sociales dominantes, c'est-à-dire qui, réunissant les majorités sous un même drapeau, font converger tous les efforts civilisateurs vers un même centre. Otez en effet cet égoïsme qui peut ravaler l'homme public jusqu'au rôle de courtier administratif, spéculateur en matière de calamités, agent de corruptions, de dilapidations et de cabales, il n'en restera pas moins un grand nombre de théories antipathiques autant que défectueuses et incomplètes; vous n'en aurez pas moins une multitude de publicistes toujours dissidens, toujours en lutte, qui seront un invincible obstacle au triomphe de tout système.

Car, supposez la France, une fois débarrassée de toutes les opinions dictées par l'égoïsme, sous quelque forme qu'il puisse s'offrir : égoïsme individuel, égoïsme de profession, égoïsme de corps, égoïsme de classe ; ce ne sera pas assez encore. L'intérêt ne fait pas seul des opposans, ne met pas seul les bons esprits en divergence; on peut bien le supposer sans présumer trop de l'humanité. Combien d'hommes ne se trouvent-il pas à leur insu, et malgré les conseils de l'intérêt, sous l'empire des premières leçons de l'exemple ? Combien de disciples n'a-t-on pas vus s'efforcer en vain de secouer l'influence d'un premier maître ? On sait assez qu'il est plus facile à bien des hommes politiques d'atteindre une position que de s'y maintenir ; et tel esprit éclairé perdra souvent, par sa faute, les avantages qu'il s'estimerait trop heureux de conserver, tant l'éducation, je veux dire l'impression de tout ce qui nous entoure au premier âge, peut nous diriger malgré nous-mêmes.

Or, l'éducation, qu'on ne se fasse pas illusion à cet égard, est aujourd'hui plus incomplète qu'en aucun temps. Placée tout entière au point de vue intellectuel, nullement au point de vue moral, et ne voyant que des individus où il faudrait voir des associations d'hommes, elle laisse à chacun le soin de puiser ses maximes dans les exemples du monde ou dans ses lectures. Et, telle est la confusion et l'incompatibilité de principes chez les moralistes contemporains, capables de quelque influence, qu'il serait bien difficile de prendre dans leurs écrits les moindres notions de devoir, de dire, d'après eux, ce qu'il faut entendre par un homme de bien, un homme dépravé, un homme moral. Dans cette époque de Pyrrhonisme et de crises, chacun peut sans reproche penser comme ses auteurs, c'est-à-dire douter de tout, si mieux on n'aime faire prévaloir ses théories personnelles, son système à soi, quelque chimérique, quelque étrange que ce système puisse être. C'est un point généralement admis que toute opinion a le droit de se faire jour, alors qu'on se borne à l'établir d'une manière philosophique, ce qui signifie sans toucher aux faits actuels, sans s'attaquer aux personnes.

Nous sommes bien éloignés de déplorer cette liberté de discussion, malgré les abus qu'on a pu en faire; car elle a eu ce résultat, de faire comprendre aux plus disposés à s'abuser que la société française est travaillée de difficultés graves. Grâce aux efforts des penseurs hardis, on s'avoue déjà l'insuffisance de certaines institutions, le discrédit de beaucoup d'autres, le relâchement des anciennes mœurs, la tendance des jeunes esprits, et rien n'était plus à désirer sans doute que ce progrès. Quand les faits ont tout remis en question, il est plus que temps d'en discuter les causes ; lorsqu'un principe désorganisateur s'attaque à un corps doué de vitalité, pour si robuste qu'on suppose ce corps, on ne saurait tout abandonner au hasard, sous le prétexte homicide qu'il faut laisser dans son erreur le malade qui n'a pas la conscience de son mal ; mais encore est-ce trop peu d'énumérer des plaies, si l'on ne se hâte d'y porter une main secourable. Or, ainsi ont agi jusqu'à présent les plus avancés de nos publicistes ; en présence d'une situation faite pour consterner l'imprévoyance même, ce qui semble le moins les occuper, c'est d'en sortir. Il serait temps peut-être de mettre fin à une guerre de principes trop souvent stérile ou ensanglantée, pour travailler, sous l'inspiration d'une idée sociale, au triomphe des doctrines les plus appropriées aux exigences de l'époque et les moins sujettes à controverse aux yeux de quiconque tiendrait à ne point passer pour bizarre ou pour insocial.

Que si l'on suppose la génération actuelle trop imbue de principes d'indépendance, ou trop clairvoyante pour être courbée à un système qui, dans certains cas, demanderait à chacun, au nom de tous, le sacrifice de ses penchans, de ses opinions, de ses goûts, de son libre arbitre enfin ; à cela ne peut-on pas répondre qu'il est aujourd'hui, comme en tous les temps, des penchans et des goûts qu'on peut dire généraux, des prédispositions, des habitudes, des tendances communes, tenant à l'éducation du siècle, nous voulons dire à l'action morale de tout ce qui nous entoure ; prédispositions, goûts, penchans, habitudes favorables plus ou moins à un système d'harmonisation, à une rénovation sociale ? Tout homme tient de l'homme, à quelques égards : aussi est-il en politique et en morale des axiômes admissibles pour les majorités, comme dans les arts il est de certaines beautés généralement senties, comme dans les sciences il est des principes si vrais, si rationnels, si simples qu'ils peuvent frapper et satisfaire par quelque endroit les capacités les moins positives. Faut-il avoir été doué de l'instinct musical d'un Rossini pour admirer les grandes beautés d'une partition ? Sans être un Rotschild, ne peut-on apprécier la justesse de certaines combinaisons de banque; et n'est-il donné qu'à un Newton de pressentir ce que l'industrie humaine pourra devoir un jour aux efforts combinés des sciences exactes ? Dans les arts, en politique, dans les sciences, il est une route à jamais accessible au génie, pour subjuguer la raison ou arriver au cœur de l'homme. C'est aux grands talens, qu'anime la noble ambition de ramener leur siècle vers cette fin sociale, dont chaque jour il s'éloigne, de saisir les dispositions favorables à leur œuvre et celles qui lui sont contraires, en ayant toujours devant soi le but vers lequel la raison du siècle semble pencher, et sans négliger aucune des ressources qui ont toujours puissamment agi sur le cœur humain.

Déjà beaucoup d'essais ont été faits sous ce point de vue. Il s'est trouvé des publicistes, qui, frappés du suranné de nos institutions, de la décrépitude de nos mœurs, de l'indifférence sociale de certains écrivains prépondérans, de l'insubordination de beaucoup d'autres, et enfin de l'esprit d'opposition, d'individualisme, de controverse, qui les caractérise tous en général, se sont efforcés d'en détourner les conséquences. Malheureusement ils n'ont découvert qu'une faible portion du mal, parce qu'ils n'ont aperçu qu'un certain ordre de faits, dont ils n'ont pas même toujours pu retrouver les causes. Ils n'ont pas vu que cette anarchie qui les effraie à juste raison ne découle pas seulement des intérêts et des passions des hommes, qu'elle n'est pas seulement matérielle, mais qu'elle a sa source dans l'absence de ces principes moraux, de ces notions de juste et d'injuste, qui furent et seront à jamais la base de tout ordre social. Ils n'ont trouvé d'une part qu'ambition de pouvoir, besoin de célébrité, soif d'honneurs, convoitise de richesses ; de l'autre, que jalousie, dépravation, paresse, sans tenir compte de ce manque de sécurité, de cette absence de foi qui travaillent toutes les classes, ni du découragement et des défiances qui en proviennent. D'autres ont bien compris tout ce qu'il y a d'incomplet, de défectueux, d'usé dans ce complexe rouage que l'on s'obstine à regarder comme un état social; mais ils sont tombés dans l'erreur de croire le monde bien assez pénétré de ses intérêts, assez bien instruit des faits contemporains, pour sentir l'opportunité d'une réforme et ne pas douter que la vieille société, dont notre époque sera peut-être la dernière phase, monument lézardé sur tous les points, sans adhérence au sol, sans cîment, sans appuis, menace d'une ruine prochaine. Ils sont venus, sans gradation aucune, annoncer la dernière heure à des malades qui se croyaient à peine indisposés, et proposer des remèdes extrêmes à ceux qui avaient la pleine confiance de se porter bien; car l'apoplectique est debout encore au moment où il va cesser de vivre, et le mineur près d'être asphyxié ne soupçonne point que l'air qu'il respire est un poison.

Ce n'est pas la première fois, au reste, que l'histoire offre des situations aussi difficiles et des hommes politiques aussi disposés à se faire illusion. Si quelqu'un fût allé dire à l'empereur Julien que la société païenne touchait à sa ruine, le docte apostat lui eût imposé silence comme à un blasphémateur insensé, sinon comme à un dangerenx sophiste, lui qui fit tant de vains efforts pour le maintien des vieilleries de son temps; et les israélites eux-mêmes ne furent pas plus favorables à la réforme, eux à qui pourtant un monde nouveau avait été long-temps prédit. Il en est des sociétés décrépites comme des individus; difficilement elles se familiarisent avec les idées de mort. C'est pourquoi toute grande réforme veut être annoncée de loin, avoir ses signes précurseurs. Avant l'Evangile vinrent les prédications de Jean; la loi des Douze Tables fut précédée des grands météores du Mont-Sina, et les oracles de l'islamisme tombèrent du ciel verset par verset. — Cependant quelques réformateurs contemporains ont voulu forcer tout à coup des hommes long-temps privés de toute lumière à regarder fixément le soleil.

Par bonheur, à l'époque où nous sommes, les opinions qui ont quelque portée prennent bientôt une consistance. Aucun mode de propagation et de séduction ne manque aujourd'hui à la pensée, avantage que n'eurent point d'autres siècles analogues à beaucoup d'égards. Il y eut des époques organiques, où les idées nouvelles durent se transmettre d'abord de bouche en bouche, individuellement, secrètement, en termes fort ambigus. Alors le réformateur avait à colporter ses doctrines de cité en cité, à certains jours où le peuple était de loisir pour les entendre; aujourd'hui la parole voyage dans toutes les directions, sous toutes les formes, sur tous les points du globe. On peut dire qu'elle court le monde sur des chemins de fer.....

Et déjà, grâce à l'ubiquité de la pensée, tel qui d'abord avait combattu certaines idées nouvelles, n'hésiterait pas à les défendre, par cela seul qu'elles sont arrivées à lui à son insu, par des organes qui n'avaient pas contre eux ses préventions ni ses défiances. Déjà les difficultés de notre situation sociale ne sont plus un problème pour qui a su lire dans certains écrits comme les auteurs de ces écrits avaient su lire dans les faits. Les efforts de quelques hommes et de leurs premiers disciples, pendant ces quatre dernières années, ont eu l'heureux résultat de faire sentir à bien des lecteurs que *nul gouvernement, nulle police, nul ordre ne serait possible, si les hommes n'étaient unis par des liens qui constituent déjà un état de société, c'est-à dire par des croyances communes, conçues sous l'idée de devoir.* On a compris tout aussi bien que *ces croyances communes*, objet des soins de tous les législateurs anciens, ces notions du juste et de l'injuste, inculquées plutôt qu'innées (comme nous aurons l'occasion de le montrer), notions sans lesquelles *le pouvoir n'est plus que la force, et l'obéissance que la servitude*, n'existaient plus que faiblement chez les uns; que chez les autres elles sont confuses, incomplètes, souvent même négatives absolument.

La situation présente est donc comprise enfin, et les esprits les plus optimistes s'effraient du peu de ressources dont peuvent disposer nos politiques pour en éviter les conséquences. Chacun se dit qu'il faudrait à l'homme un stimulant plus noble que l'égoïsme, des conseillers plus persuasifs que la prison, une surveillance plus prompte à s'insinuer, plus intime que celle des parquets, des épouvantails généralement plus présens à l'esprit, plus redoutés même que les bourreaux : savoir, d'un côté, les joies d'une âme honnête et irréprochable; de l'autre les tiraillemens du remords. Car le glaive du juge ne brille point dans la nuit des consciences; il ne saurait pas plus inspirer une généreuse action dans un cœur dominé par l'égoïsme, que détourner d'une bassesse l'homme pervers qui pourrait se promettre de la tenir toujours cachée. C'est là une de ces vérités recevables comme axiomes.

Toutefois, en même temps que l'on voudrait sortir d'un état de choses qui bientôt finirait par permettre à chacun de croire avoir fait assez en ne s'exposant pas à être repris de justice, beaucoup d'excellens esprits supposent à chacun, isolément, le pouvoir de contribuer à la régénération sociale, sans se ranger d'aucun système, sans prendre mission que de soi. Fort peu reconnaissent aujourd'hui des maîtres en doctrine : on ne le pourrait sans s'exposer à être raillé. Les inspirations de la conscience peuvent suffire à chacun, suppose-t-on ; chacun peut se tenir lieu de révélateur et de directeur; et l'on isole les hommes, on morcelle la grande famille, puis on se flatte d'avoir encore une société, comme si des millions de membres épars pouvaient seulement faire un corps, comme si rien d'utile et de grand était possible sans une certaine unité de vues, sans un heureux concours de volontés! comme si les hommes pouvaient échapper aux misères attachées à leur condition humaine, se voir riches et libres, sans être d'accord et unis !

§ II.

QUELLE EST LA VERTU LA PLUS INDISPENSABLE A L'HOMME SOCIAL ?

Tout le 18e siècle s'efforça d'établir que la conscience pouvait suffire à rendre l'homme accompli, et beaucoup d'esprits éclairés se bercent encore de cette opinion. Est-ce à dire qu'il y ait dans le for intérieur de chaque homme des notions certaines de devoir, suffisantes par rapport à la société à laquelle il appartient, indestructiblès, inaltérables, malgré les impressions de l'exemple ? Ce serait étrangement s'abuser de le croire ainsi. Prendre la conscience pour juge infaillible, pour conseiller suprême est à nos yeux une erreur si grande que la sincérité de ceux qui l'accréditèrent nous semble au moins douteuse. Ignoraient-ils tout ce qu'il y a de contradictoire et de versatile, d'accidentel, d'involontaire, de local dans le jugement que chacun porte de ses propres actions et de ses conseils ? Les consciences, abandonnées à elles-mêmes, ou façonnées par les doctrines, varient d'âge en âge, de contrée à contrée, soumises qu'elles sont à des influences indépendantes de nous, en dehors de nous. Combien n'a-t-on pas vu d'hommes consciencieux changer, à tout événement un peu décisif, et de conduite, et de principes, avec plus de bonne foi qu'on ne suppose?

Tous les peuples eurent des précepteurs de conscience, enseignant à juger les actions de tous d'après la conscience d'un seul. Chez les Musulmans, la conscience de Mahomet est la conscience type; à la Chine, on absout ou l'on condamne, selon que Confucius a parlé. Ici, frauder n'est honteux que lorsqu'on y est surpris; là, le vol est toujours licite à l'égard des étrangers. Plus d'un voyageur affirme avoir visité des tribus chez qui tuer son vieux père est une bonne œuvre. Dans une des contrées les plus civilisées du monde, la loi permet aux familles d'exposer un enfant débile, et plus d'une mère sacrifie son fils sans remords. Enfin, il est un pays où tout ce que l'on était convenu d'appeler mœurs, religion, morale n'existant plus que dans les romans et dans les codes, les lois sont chaque jour éludées par ceux-mêmes qui les font ou par ceux que l'on commet à leur garde, et la moralité se trouve à peu près réduite à ne rien prendre dans les poches du prochain. Hors de là, l'opinion absout quand le code condamne. Aussi, tout ce qui n'est pas vol ou meurtre, le commet-on avec non moins de sang-froid que n'en met le Caraïbe à manger son prisonnier. — La conscience, peu à peu, comme la main du chirurgien, finit par surmonter ses plus fortes répugnances, et l'on ne peut raisonnablement se reposer sur un tel casuiste.

On sait bien que le vol n'est pas sur le point d'être honoré, que le meurtre est encore destiné à faire long-temps frémir; et sans doute il n'est pas indifférent que la propriété, la vie aient d'autres garanties que les bagnes et les supplices; mais, vraiment, cela suffit-il? La prospérité, le repos, le développement, l'existence des sociétés ne tiendraient-ils à rien de mieux, et sommes-nous moins obligés de reconnaître la pressante nécessité d'une nouvelle science sociale, apportée au siècle, sinon comme une révélation, du moins comme le seul moyen d'échapper aux conséquences d'une situation qui a tout érigé en problème, réduisant d'excellens esprits à n'avoir plus de notions certaines sur rien de ce qui n'est pas rigoureusement démontré, doctrine tellement appropriée à la société actuelle qu'on ne put se refuser à l'admettre sans inspirer un peu de cette religieuse horreur qu'eût inspiré, cinq siècles avant nous, celui qui se fût ouvertement déclaré anti-chrétien?

— Par cette doctrine nouvelle, entendons-nous une science sociale qui découlerait *des rapports des hommes et des choses*, et serait l'expression si exacte et si directe de ces rapports que tout homme, depuis le plus intelligent et le plus profond jusqu'au plus incapable, au plus simple, pût en apprécier l'efficacité?

— Non, ce n'est pas ainsi qu'on peut l'entendre. Toute grande conception doit nécessairement être l'œuvre d'un grand génie, et le génie ne peut être apprécié que par le génie même; encore n'est-il pas absolument sans exemple que tel naisse pour exceller dans les arts d'imagination, à qui cependant la tournure de son intelligence ne permettrait pas les moindres abstractions, les plus faciles études positives, et pour qui les plus simples notions de la science de gouverner seraient toujours fort énigmatiques : qu'attendre, à plus forte raison, de tant d'esprits bornés ou tout à fait incultes? Comment supposer une conception sociale appréciable à tous? N'est-on pas en droit d'établir, vu cette diversité des esprits qui tient à l'organisation même, et cette inégalité des intelligences dont jamais éducation ne pourra triompher, que la meilleure combinaison serait celle qui, tenant compte autant que possible des intérêts et des penchans qui sont de l'essence humaine, ferait l'appel le plus efficace à la raison des uns, à l'imagination des autres, et, ne craignons pas de le dire, à la foi comme au dévouement de tous.

Nous n'ignorons pas combien il peut sembler étrange d'en appeler à la foi, dans un temps où l'on s'accorde assez à nier cette disposition à croire par entraînement plutôt qu'avec une certitude acquise, disposition dont les législateurs passés ont fait la pierre angulaire de leur œuvre. Chaque jour on répète que la diffusion des lumières a familiarisé les esprits avec le doute. Celui-ci est trop éclairé pour admettre sans examen, celui-là se souvient d'avoir trop de fois été dupe pour ne pas se montrer défiant; mais, qu'on y prenne garde, toujours il y eut et il y aura toujours, parmi les hommes, plus d'opinions admises que vérifiées. Les duperies et les déceptions n'y sauraient rien changer. Nulle espèce ne peut mentir à sa nature; or, par sa nature, l'homme est essentiellement croyant. Pascal l'a dit, La Mennais le répète, et l'expérience des temps le démontre bien. Voyez ces populations qu'un pouvoir a soulevées par ses parjures : elles savent combien les promesses des hommes sont fragiles et leurs sermens diversement interprétables; toutefois elles courent se jeter dans les bras d'autres gouvernans, qu'elles n'ont soumis à aucune épreuve et qu'elles dispensent de tout noviciat, pour leur accorder autant de confiance qu'aux premiers. Voyez ce géomètre, dont l'esprit n'admet rien que ses calculs ne lui démontrent: en est-il moins prompt à mettre sa fortune à la merci d'un homme de confiance, et sa santé, sa vie, à la discrétion d'un médecin ? Richelieu eut ses quarts-d'heure de bonhomie; Louis XI fut plus d'une foi confiant à l'excès. Les savans proprement dits sont eux-mêmes les plus grands crédules : chaque jour on en voit donner des preuves de cette foi robuste dont ils se moquent; exemple les effets *attestés* du magnétisme et les inductions à perte de vue des observations phrénologiques. Il n'est pas de caractère assez soupçonneux pour ne pas donner quelquefois des marques d'une confiance sans bornes, ni d'esprit assez rationnel pour ne croire jamais sans démonstration. L'homme est incorrigible par cet endroit; et à Dieu ne plaise, que jamais il vînt à changer, puisqu'il cesserait d'être sociable, s'il cessait d'être croyant.

Où en serait le progrès aujourd'hui, si toutes les fois que la science fit un pas ou qu'une pensée philantropique, civilisatrice, s'offrit à quelque esprit élevé, il eût fallu en donner la raison suffisante à chacun et en faire entrevoir aux moins intelligens les futurs résultats. Quand une mère veut persuader à son fils malade de prendre le breuvage dont elle attend sa guérison, ou le tenir éloigné du gouffre qui pourrait à jamais l'engloutir, pensez-vous que le moyen le plus sûr soit d'en appeler au bon sens d'un enfant ? Supposez que des hommes absolument illétrés allassent trouver un astronome pour lui exposer leurs doutes sur le mouvement de notre planète ; le savant ferait-il mieux, s'il tenait à lever ces doutes, de s'aventurer dans des démonstrations, dans des calculs géométriques, ou bien d'invoquer un peu de confiance en faveur de qui sait prédire les éclipses et suivre une comète dans son orbite ? La plupart des vérités soit matérielles, soit morales, ont pénétré dans le peuple en s'adressant à l'imagination plutôt qu'au raisonnement, et les Newton, comme les Moïse, ont besoin d'être crus, de faire appel à la foi. Aussi la foi, n'hésitons pas à le dire, est-elle à nos yeux la plus essentielle des vertus sociales. Nous la tiendrons pour le *sine quâ non* de tout grand progrès jusqu'à ce qu'on nous démontre que les hommes vont naître égaux en moralité, en capacité, en dévouement, et que l'intérêt individuel ne se trouvera plus en lutte avec l'intérêt de tous.

Cependant nous n'ignorons pas combien on abusa, ni combien on peut abuser encore de cette pente à croire, et nous oublions d'autant moins ces nombreux abus que, par une de ces réactions trop ordinaires à l'esprit humain, ils sont cause qu'autant l'on se promit par le passé de la soumission et du respect aux lois, du maintien d'un ordre, d'une certaine harmonie de vues, autant l'on semble bien espérer aujourd'hui des opinions violentes, de l'opposition à la légalité, de l'individualité de principes, du mépris de toute discipline, en un mot de tout ce qui semble plutôt devoir amener la fin d'une société que contribuer à son maintien. Gouvernans et gouvernés sont dans un état de suspicion réciproque, de lutte morale et matérielle. Si nous sommes encore capables de quelque confiance, ce n'est plus qu'aux antagonistes du pouvoir que nous l'accordons; et si un peu de foi a pu survivre encore aux nombreuses attaques du rationalisme (ce que nous ne craignons pas d'affirmer) il est visible qu'elle a complètement changé d'objet. Autrefois, cette confiance naturelle à l'homme, don précieux sans lequel il serait le plus inquiet, le plus timide, le plus misérable des êtres, était à l'avantage des gouvernemens, aujourd'hui il est bien rare qu'on ne la fasse tourner contre eux. Les adversaires de l'ordre actuel n'ont qu'à parler pour être crus, tandis qu'il faudrait des prodiges aux dépositaires de la loi pour reconquérir cette force morale dont nul gouvernement ne peut se passer.... Situation critique et périlleuse, dont il n'est possible de sortir que par des prodiges; mais aussi, dans ces temps de préventions et de défiances, tandis que les lois sont généralement plus redoutées que respectées, que chaque jour les vieilles mœurs s'effacent et que les ministres du culte sont sans action sur les intelligences comme sur les cœurs, n'est-il pas vrai que des prodiges sont possibles aux ministres des rois? Car le cœur humain n'a-t-il pas aujourd'hui comme dans tous les temps ses appétits de bien-être, ses nobles ambitions, ses passions généreuses? Ne conserve-t-il pas toujours un vif amour du beau, un besoin d'approbation, d'indépendance, d'enthousiasme? Et n'est-il pas toujours possible aux gouvernans de l'attirer par ses affinités les plus puissantes? N'ont-ils pas à leur disposition les ressources de l'industrie qui séduit l'imagination et les sens, des beaux-arts qui exaltent et persuadent; ne peuvent-ils pas des prodiges enfin? — Oui, des prodiges, ce n'est pas trop; chaque jour l'industrie humaine n'en opère-t-elle pas? Elle étend partout son pouvoir sur les continens, sur les eaux, inclinant les hauteurs, fécondant les rochers, maîtrisant les tempêtes. Aucune époque ne fut plus fertile en perfectionnemens matériels, et ces perfectionnemens sont ce qui frappe et séduit le plus la génération présente; car ce n'est plus de briser des oppressions brutales qu'il s'agit pour les bienfaiteurs de l'humanité; il n'ont pas à élever des esclaves au rang d'homme; leur mission est de délivrer le monde de la pauvreté et des misères qu'elle engendre, et d'y apporter l'aisance par le travail; *l'homme seul fait* aujourd'hui *les miracles* : eh bien! que les merveilles de l'industrie se multiplient de concert avec les beaux-arts et tout ce qui agit le plus fortement sur l'esprit humain pour rendre aux gouvernans la confiance des gouvernés, harmoniser les opinions et les efforts, ranimer le dévouement avec la foi, sauver le monde enfin. Si par l'industrie, si par l'éloquence, si par les beaux-arts, et par le stimulant de la louange ou du blâme le pouvoir ne parvenait un jour à ce résultat, c'est qu'évidemment il ne le voudrait pas. Un seul homme intelligent et dévoué peut beaucoup avec peu de moyens; chaque jour en fournit la preuve. Que ne pourraient pas des hommes de savoir et de dévouement, ayant à leur disposition les capacités de la France, avec des millions? A eux la faute, si l'état compte longtemps encore plus d'oisifs que d'ennemis de tout travail, et si des hommes vigilans, laborieux, capables, leur viennent reprocher des maux plus grands que la patience humaine n'en peut supporter. Avec les ressources qu'ils ont en main, on a sans doute mieux à faire qu'à déplorer les souffrances de l'industrie et du commerce; et ce n'est pas assez de rétablir l'ordre matériel par la force matérielle, il faut aussi reconquérir un ascendant moral sur les populations souffrantes, en leur apportant des soulagemens, en les surprenant par d'utiles merveilles. Il faut accueillir quiconque apporte une pensée sociale, encourager, aider même tout ce qui peut être bon, et surtout prendre soi-même les devans dans la voie des progrès.

Bien funeste serait aujourd'hui le pouvoir par qui un gouvernement serait considéré comme un rouage dont il n'aurait que l'entretien et la surveillance. Maintenir est heureux sans doute quand les institutions d'un peuple sont tellement appropriées à ses mœurs, à ses goûts, à ses besoins, qu'elles puissent assurer son bonheur pendant bien des siècles; mais, n'appartenons-nous pas bien plutôt à une de ces époques où tout ce qui fut honoré, craint, respecté, a fini par ne plus l'être; et ceux qui énumèrent avec complaisance les avantages de la situation actuelle ne ressemblent-ils point à un guide mercenaire qui conduirait le voyageur sur une haute rive prête à s'ébouler, ou qui l'engagerait à reposer sous une demeure ébranlée dans ses bases? Que la maison qui penche soit étayée sans doute, afin qu'on l'habite encore, jusqu'à ce qu'une autre s'élève; mais, pour cela, n'attendez pas qu'elle puisse écraser par sa chute et ceux qui l'habitent et ceux qui se seraient réfugiés à l'entour.

A M. JULES POUILH.

J'ai lu, Monsieur, avec le plus vif intérêt, deux articles de vous, ayant pour titre : *De la Crise sociale actuelle*, etc. Dans l'un de ces articles, vous montrez fort bien, et très-utilement, selon moi, que les plus grandes difficultés, dans la situation présente, viennent du peu d'accord de principes autant et plus que de l'absence de dévouement public. Vous faites bien ressortir aussi des difficultés qu'engendre cette anarchie de principes, si bien caractérisée par vous, la pressante nécessité d'un corps de doctrines généralement admises, et qu'au besoin chacun fût toujours prêt à défendre. — Votre second article tend à prouver que les notions de devoir et de discipline, sans lesquelles nul gouvernement ne serait possible, ni aucune société durable, ne sont pas innées, mais révélées, ce que vous établissez en montrant que les majorités les admirent toujours par entraînement, plutôt qu'elles ne les comprirent. Jusques-là, on ne saurait trop vous féliciter de votre opinion et de la manière dont vous l'exposez; mais vous finissez en vous rangeant, ce semble, du parti de certains novateurs qui paraissent dans l'attente d'un autre Messie; et, sur cela, vous me permettrez une question. Comment l'idée d'une révélation a-t-elle pu s'offrir à votre esprit, sans vous ramener au christianisme? comment, avec le jugement dont vous avez fait preuve, avez-vous pu souhaiter une révélation, alors que l'évangile est là? Concevriez-vous rien de plus philantropique, de plus social, que cet amour du prochain et cette charité inépuisable si fort commandés par Jésus-Christ? Et, puisque l'égoïsme vous semble peu fait pour inspirer de nobles actions, et que vous ne regardez pas les amendes, la prison, les supplices, comme les moyens les plus capables d'agir avec efficacité sur les imaginations, en leur inspirant des terreurs salutaires, où trouveriez-vous rien qui pût contenir les hommes pervers comme les peines de l'autre vie, ou encourager les bons comme les félicités à venir? Vous n'avez rien dit à cet égard, et je ne puis croire que ce soit par oubli. Ce silence, qu'il faille l'attribuer à vos doutes, ou bien à la crainte d'aborder une question généralement regardée comme épineuse, n'en est pas moins fâcheux. Je vous demande bien pardon, Monsieur, de vous en témoigner franchement mes regrets.

CH. W.

RÉPONSE.

Vous n'avez pas d'excuses à me faire, Monsieur, je devrais plutôt des remercîmens à vos éloges. D'ailleurs, vos remarques ne portant que sur ce dont il n'a pas été question dans mes articles, j'ai au moins avec vous un avantage qu'on n'a pas toujours dans ces discussions, celui de pouvoir vous répondre sans être obligé de me répéter. A la vérité vous supposez épineuses les questions que vous m'adressez, ce qui serait une fâcheuse compensation, mais comme je ne vois la moindre difficulté, ni le moindre inconvénient à les aborder, je pense n'avoir qu'à vous remercier des choses obligeantes que vous me dites, en vous fesant observer toutefois qu'il n'est pas seulement question d'un autre Messie dans ce que j'ai écrit, et que si j'ai employé le mot *révélation*, dans son acception religieuse, ma pensée n'aurait certainement pas dû vous faire entendre que je partageais l'idée d'une révélation nouvelle par un Dieu fait homme. L'humanité est aujourd'hui assez loin de son berceau pour dispenser le révélateur de recourir à de semblables expédiens.

Faut-il, Monsieur, m'expliquer ouvertement sur l'Evangile? Aucun livre, j'en ai comme vous la ferme conviction, ne pourrait contribuer davantage à procurer à l'humanité le plus haut degré de bonheur qu'elle puisse atteindre, pourvu toutefois qu'on le comprît bien et qu'on l'enseignât comme l'enseignait Jésus lui-même. Si jamais on en pénétrait l'esprit et que la morale en fût mise en pratique, dès-lors on pourrait voir ici-bas l'image des félicités célestes : les peuples se gouverneraient sans rois, sans clergé, sans prisons, sans armées....; mais d'arriver à faire comprendre, aimer, pratiquer les préceptes du christianisme, la chose est malheureusement assez difficile pour excuser le pouvoir qui, sans renoncer aux lumières de l'Evangile, chercherait d'autres remèdes aux difficultés présentes. Quels progrès a-t-on fait dans cette direction en dix-huit siècles? D'abord on avança peu, et bien lentement, puis on revint promptement sur ses pas; aujourd'hui nous sommes au moins stationnaires. Combien d'années peuvent se passer encore avant qu'on marche de nouveau; combien de siècles avant qu'on atteigne au but! car si les hommes s'habituent difficilement aux vérités nouvelles, bien plus difficilement encore ils reviennent à celles qu'ils ont foulées aux pieds comme des erreurs d'enfance. Or, on ne peut se dissimuler que des millions de Français, gens fort considérés d'ailleurs, rejeteraient aujourd'hui le titre de croyans, comme un ridicule, et que ceux qui le revendiquent n'en sont pas plus dignes pour cela.

Puis-je appeler enfans du Christ ces nobles boudeurs que le journalisme absorbe, tout boursoufflés d'orgueil féodal et badigeonnés de civisme, empressés à diviser, ardens à maudire, dévots aux prêtres plutôt qu'à Dieu, parce qu'ils supposent les prêtres bons à relever un trône autour duquel toutes leurs ambitions espéreraient se refaire ? Croirai-je plus dignes d'un si beau titre ces prédicateurs bilieux, évangélisant à la solde d'une faction, tribuns en surplis par qui la chaire est transformée en tribune de club, où sont plaidés provisoirement les intérêts des faibles pour en faire un marche-pied aux convoitises des puissans ? Faut-il avoir une plus haute opinion de quelques bibliques millionnaires, apôtres aussi féconds en préceptes que stériles en exemples, qui s'imaginent gagner le ciel, en exhortant à l'économie et à la patience ceux dont ils trafiquent les sueurs ? Leur dévotion est par trop aisée. Se cotiser à *un franc cinquante* pour envoyer des théologiens aux sauvages et distribuer de petits livres acétiques aux Européens qui savent à peine lire, puis s'entre-louer à table sur de tels efforts de philanthropie, tandis que des chrétiens souffrans sont à la porte, à qui l'on n'accorde pas même les miettes du festin, cela peut-il suffire pour se rendre digne de celui qui donna son sang pour des esclaves ? Volontiers j'assimilerais ces pieux milords au mauvais riche de l'Ecriture, et ceux qu'ils appellent leurs frères à l'infortuné couvert de plaies qui ne put émouvoir sa compassion. Volontiers je supposerais qu'ils placent la religion dans la foi plutôt que dans les œuvres ; et quelle foi dont ils se font, en quelque sorte, un meuble de sauvetage, pour quand viendra la dernière heure ! Ils s'y attachent comme le naufragé à la rive, ou comme l'Indou aux crins de l'animal qu'il révère. L'Evangile est aux uns ce qu'est aux autres la queue de vache. Franchement ce ne sont pas là mes saints. J'ai une bien autre estime pour ce prêtre indigent à qui tant d'innocentes créatures ont dû un asile et peut-être aussi leur conservation, ou bien encore pour ce courageux prélat qui fut le refuge des opprimés jusques sur les plages désolées du Nouveau-Monde ; mais il y a loin d'un Las-Casas, d'un Vincent de Paul à nos apôtres de souscriptions. De tels chrétiens furent rares aux plus beaux jours du christianisme, aussi rares que les solitaires inutiles et les mondains prélats furent nombreux. La pure lumière de l'Evangile brilla d'abord pour très-peu d'esprits ; aujourd'hui le plus grand nombre détourne les yeux pour ne la point voir, en admettant qu'elle n'ait rien perdu de sa clarté par l'effet des temps. Dix-huit siècles ont produit à peine quelques vrais chrétiens, alors que la foi ne manquait pas; qu'on juge à ce compte du temps qui peut s'écouler avant qu'une société d'incrédules vienne à se modifier au point de recevoir l'Evangile pour unique loi. Celui qui proposerait de bonne foi l'Evangile comme un prompt remède aux maux présens et aux maux plus graves encore qui s'amoncèlent, je le comparerais volontiers à ce malheureux roi qui cherchait dans l'*Imitation de Jésus-Christ* des moyens de conjurer l'émeute.

Mais qu'invoquer, si ce n'est l'Evangile, afin d'échapper à notre périlleuse situation? Franchement, c'est là, Monsieur, une trop grave question pour être résolue en peu de mots; mais, puisque vous déplorez, ce qu'aussi je déplore, que le puissant mobile des peines et des récompenses de l'autre vie manque à nos publicistes pour agir salutairement sur les esprits, en les rendant gouvernables, en même-temps que propres à de grandes choses, j'appellerai votre attention sur un autre mobile à l'aide duquel je ne regarde pas comme impossible de voir la politique moderne triompher à la longue de l'égoïsme humain.

L'homme en général a une haute estime de soi qu'il cherche à faire partager, qui fait qu'il éprouve un besoin de considération à tout instant de la vie et qu'il aime à pouvoir se promettre que cette considération ne lui manquera pas même après la mort. Voyez Charles-Quint retiré du monde en apparence, mais réellement moins inquiet du salut de son ame que de sa réputation d'homme d'état. Voyez Chénier au lit de mort, recueillant ses dernières forces pour préparer l'édition posthume de ses œuvres. Voyez Colomb, au plus fort d'une horrible tempête, uniquement en peine d'apprendre sa découverte à cette Europe qu'il n'espère plus revoir. Et les existences les plus vulgaires comme les plus illustres nous montrent le besoin de considération comme la passion dominante du genre humain.

Que si donc l'estime publique ne s'attachait qu'aux choses honnêtes, comme elle ne s'attache que trop souvent à celles qui ne sont rien moins, il n'en faudrait pas davantage pour réformer le monde. Cette haute estime de soi qui n'avait guère produit jusqu'ici que des prodiges de courage, de savoir, de ridicule, d'avarice, produirait des héros de philanthropie et de charité, comme elle produit tous les jours des souscripteurs. Or, ce qui se passe autour de nous ne semble-t-il pas prouver que l'estime publique s'attachera chaque jour davantage à des hommes plus dignes d'être offerts en exemple ? Chez nos pères, les plus grands noms furent des noms guerriers ; aujourd'hui l'on place un Franklin, un Monthion plus haut qu'un Dunois. Long-temps les familles s'élevèrent par le sabre ; aujourd'hui la science ennoblit aussi ; peut-être qu'un jour les vertus finiront par acquérir ce droit, et ce ne sera pas, Monsieur, un des moindres progrès.

AU MÊME.

Dublin, 13 décembre.

Monsieur,

Au risque de vous paraître minutieux, sinon importun, je vous prierai de me permettre une ou deux objections contre votre réponse à ma lettre. Je vous les aurais adressées plutôt, si votre lettre ne m'avait été remise au moment de mon départ de France. Je ne fais que rentrer dans ma famille après avoir parcouru l'Angleterre et l'Ecosse, où j'ai vu des hommes et des choses qui pourraient bien me fournir la meilleure réponse à vos critiques. J'ai rencontré des populations chez qui, grâce à l'influence de l'évangile, les querelles et les procès sont aussi rares qu'on en voit de nombreux exemples dans les contrées à peu près privées de sa lumière. Il est des familles heureuses et unies, dont le tableau est un touchant reflet des premiers âges du christianisme. Dans les campagnes, surtout les heureux effets d'une éducation chrétienne se font sentir. Vous voyez des laboureurs satisfaits de leur condition, parce qu'ils sont humbles, exempts de remords et de jalousie, peu affligés d'être nés paysans, et sans autre ambition que celle d'acquérir par le travail une aisance qui ne leur manque point; car ils sont diligens, rangés, économes; et ces vertus, notez-le bien, sont toujours en raison de leur piété.

Mais vous ne mettez pas en doute l'efficacité de l'Ecriture; seulement, par une contradiction assez surprenante de votre part, vous ne la croyez pas applicable dès à présent dans votre patrie, et vous reculez indéfiniment l'époque à laquelle vos politiques y devront recourir; de plus, vous déversez amèrement le blâme sur nous tous, qui n'hésiterions pas, si c'était en notre pouvoir, à procurer des bibles à quiconque sait lire! Puis vous demandez d'un air triomphant quel sera le remède aux maux qui vous affligent.

Quand vous demandez le remède, vous n'ignorez pas où est le mal, et c'est déjà pour moi un avantage. Les plus grandes difficultés pour vos politiques, vous le savez bien, viennent de ne pouvoir opposer à la perversité humaine que des tribunaux et des soldats; d'être obligés si fréquemment d'invoquer le respect aux lois, dans un temps où ce respect est d'autant moindre que vos codes et ceux qui les protègent sont plus loin d'être tenus pour infaillibles. Le respect pour les lois fut grand sans doute parmi vous en juillet 1830; on peut dire, sans exagération, que vos libertés lui durent leur salut; mais pensez-vous, monsieur, qu'il en serait de même à cette heure? Quelle est la loi qui n'ait pas été attaquée depuis quatre années, et où sont les lecteurs qui soient restés à l'épreuve de tant d'attaques? Les détracteurs de votre législation, bonne ou mauvaise, ont fait assez pour que la ressource d'en appeler à la légalité manque de plus en plus à vos gouvernans. Si le pouvoir pense avec raison que des lois imparfaites sont encore préférables de beaucoup à l'absence de toute loi, bien de gouvernés visant à la perfection, ne se croient tenus à rien envers les hommes comme envers les choses qu'ils ne voient pas exempts de défauts; et vous conviendrez qu'avec de telles dispositions un peuple est peu gouvernable. Or, le christianisme inspire bien d'autres sentimens à l'égard des autorités établies dans l'intérêt de tous. Le vrai chrétien a pour l'œuvre du législateur, quelque imparfaite qu'elle puisse être, un peu de cette indulgente charité que la religion lui recommande envers le prochain. Le vrai chrétien est constant; il est patient, il sait attendre; car il met son espoir dans les autres comme il espère en lui-même, ce qui est, selon moi, une raison de plus pour que l'Evangile doive être invoqué.

CH. W.

RÉPONSE.

Est-ce bien pour n'avoir pas cru aux prompts effets d'un remède dont j'avoue le prix, mais qui est reconnu d'un effet nul, lorsque l'on n'a pas foi dans ses vertus, que vous m'accusez de contradiction, vous, monsieur, qui n'ignorez pas combien ces vertus sont aujoud'hui révoquées en doute ? La contradiction serait manifeste, si j'avais montré notre génération toute pénétrée des vérités du christianisme, pleine de docilité pour ses leçons et de confiance dans les prêtres, au lieu de la voir telle qu'elle est, frondeuse, défiante, antichrétienne, hostile au culte et au clergé, toujours en garde contre tout ce qui pourrait lui faire craindre de se voir replacée sous un joug qu'elle abhorre : or, il s'en faut bien que je sois tombé dans cette erreur. J'ai, tout au contraire, vu la France dans une attitude religieuse qui me rappelle le trait de cette grande dame du vieux temps, laquelle professait, malgré sa naissance, une telle aversion pour les jésuites qu'elle aima mieux se laisser mourir de la fièvre que de prendre d'un remède souverain appelé alors POUDRE DES JÉSUITES. Certes, le quinquina n'en était pas moins un puissant spécifique contre son mal; mais il suffisait que les révérends pères en fussent les colpolteurs pour qu'elle ne voulût y voir que du poison, et les médecins eurent beau prêcher. Notre génération, monsieur, se trouve dans un cas assez analogue avec celui de cette femme; je le croirais même plus grave encore, parce qu'après tout on peut, soit par adresse, soit par force, administrer à un malade le remède qu'il déteste, et n'en pas moins obtenir quelque résultat; mais le christianisme, également ennemi de la ruse et de la violence, le christianisme qui n'opére que par la foi, s'il est une source de bien pour ceux qui sont déjà pénétrés de son esprit, n'agit nullement sur ceux à qui on l'impose. Il s'ensuit, que pour régénérer notre France par l'Évangile, il faudrait d'abord la rendre chrétienne; et pensez-vous, monsieur, que cela demande si peu de temps ?

Voilà une première difficulté, difficulté considérable peut-être, et ce n'est pas la seule. Je suppose vos bibliques une fois parvenus à faire disparaître les préventions, les antipathies, les préjugés, les ressentimens, les défiances qui font obstacle à leurs efforts, comment arriver ensuite au prompt soulagement des classes que leur dénuement, leur démoralisation, leurs souffrances ont mis en lutte permanente avec le corps social? Serait-ce en continuant d'interpréter l'évangile sous le point de vue mystique, c'est-à-dire en regardant cette vie comme un noviciat de l'existence future, comme une quarantaine trop rapide, en vue d'une terre de promission, pour devoir en prendre souci? Ou bien, accordant un peu plus aux sens, et cessant de tenir pour indigne d'un chrétien de s'occuper d'autre chose que des âmes, ne se bornerait-on plus à souhaiter à son prochain les félicités de l'autre monde? Dans le premier cas, vos convertisseurs, sous peine de passer pour des hypocrites en opposition avec leur foi, devraient renoncer à toutes les jouissances de la civilisation et des richesses; autrement ils seraient un sujet d'envie et de scandale, un démon tentateur aux yeux du pauvre, comme il se voit assez dans votre Angleterre, où les gros fermiers, il est vrai, peuvent être moins misérables que les métayers de France, mais où l'artisan n'est certainement pas plus assuré de son pain. Bien plus vos millionnaires spiritualistes devraient se mettre au dessus des découragemens, des dégoûts assez naturels, à qui ne rencontre souvent qu'ingratitudes et calomnies pour prix de ses sacrifices et de ses efforts : or, une telle abnégation est-elle probable de la part de notre clergé, de nos dévots ni même des vôtres? Ces saintes gens qui s'emportent si fort à la seule idée de renoncer à une faible portion de leurs dîmes, comment se dépouilleraient-ils de leur vêtement pour couvrir leurs frères, comment présenteraient-ils l'autre joue à qui les aurait déjà frappés, comment pourraient-ils bénir ceux qui n'auraient des paroles que pour les maudire? De tels efforts de charité pour être indispensables à qui veut quelque bien aux hommes, n'en sont pas moins difficiles; ils seraient, je le crains, tout aussi rares qu'on devrait peu s'attendre, dans ce siècle où toutes les classes ont goûté l'attrait des joies terrestres, à voir les pauvres imposer silence à tous leurs appétits matériels, pour abandonner aux riches, sans regret comme sans espoir, tous les biens de ce bas monde?

Vous direz qu'une éducation chrétienne mieux dirigée pourrait bien inspirer de tels principes, et moi j'aime mieux penser qu'il se trouverait un jour assez d'hommes de bien qui se croiraient obligés par religion de traiter de pharisiens et de scribes ces chrétiens en effigie qui s'imaginent faire assez pour le ciel en gratifiant leurs frères d'une charité purement platonique ; car je suis persuadé que c'est par des œuvres non par des vœux que l'amour du prochain se révèle.

Si, au contraire, par une plus juste application de l'esprit du christianisme, vous et vos modèles finissiez par admettre que le devoir d'aimer son prochain comme soi-même oblige à mieux qu'à des vœux stériles, et qu'il fait un devoir surtout de les rendre plus heureux dès cette vie par tous les moyens possibles, ici se présente une double difficulté. Les plus pieux des riches trouveraient cette obligation exhorbitante ; et, jugeant trop difficile de pénétrer par la voie étroite, ils y renonceraient certainement ; peut-être même la plupart condamneraient-ils, comme dangereux et subversif jusqu'au principe chrétien ainsi interprêté en faveur du pauvre ; car, de ce que le vrai croyant est forcé d'aimer ses frères comme lui-même, il s'ensuit, en appliquant les mots aux choses, que, dans une société vraiment chrétienne, nul ne devrait jamais posséder plus que son voisin ; par conséquent, tout étant en commun, il n'y aurait pas de propriété possible. Or, je le demande, combien de passions ne réveillerait-on pas par la seule émission d'une telle idée ? Non seulement la charité des puissans du siècle n'irait pas si loin, mais probablement ils n'admettraient pas même que le pauvre voyageur affamé pût au besoin réparer ses forces dans le champ du riche, ce que Jésus permit formellement à ses disciples, malgré les clameurs des pharisiens, en disant à ceux-ci : » N'avez-vous point lu ce que fit David, quand il eut faim, lui « et ceux qui étaient avec lui ? comment il entra dans la maison « de Dieu et mangea les pains de proposition, lesquels il ne » lui était pas permis de manger, ni à ceux qui étaient avec » lui, mais aux sacrificateurs seulement ? » Telles furent les paroles de Jésus. Il n'est pas dit comment les pharisiens les accueillirent ; mais je sais bien que l'avocat qui s'aviserait aujourd'hui d'en prononcer de semblables au bénéfice d'un client accusé de vol pour avoir cédé au conseil de la faim, ne serait pas assuré d'achever.

Vous voyez bien, monsieur, que ce n'est pas un problème si aisé que d'appliquer l'évangile à l'amélioration matérielle des classes inférieures. J'aimerais à savoir comment vos pasteurs y procéderaient, comment vous y procéderiez vous-même sans effrayer la propriété, ni donner trop beau jeu à ses adversaires, sans vous mettre en opposition ouverte avec les opinions du siècle, avec nos institutions et avec nos lois.

AU MÊME.

Monsieur,

J'avais toujours pensé qu'une bonne volonté pouvait suffire à bien interpréter l'Evangile; je ne vois pas encore de motif pour renoncer à cette opinion. Avec une bonne volonté, la lumière de l'Evangile brille pour les simples comme pour les doctes : elle peut arriver jusques dans le cœur d'un enfant.

On sera vraiment chrétien toutes les fois qu'on en aura la ferme intention, et cette intention n'a pas toujours manqué aux hommes; les résultats l'attestent.

Un adversaire éclairé ne me contestera point la part du christianisme dans la civilisation européenne. Long-temps il ne se vit point d'acte de philantrhopie, ni de fondation dans l'intérêt de la classe la plus nombreuse, sans que la religion pût en revendiquer la plus grande part. L'histoire des maisons de bienfaisance et des bienfaiteurs de l'humanité, aux premiers siècles de l'ère chrétienne, est là pour l'attester. Eh bien! étudions le christianisme dans les temps où il a le plus fait pour le bonheur des hommes, en apportant dans cette étude un cœur bien intentionné, un esprit à l'épreuve du respect humain et dégagé de préjugés. Cette méthode est la plus sûre, selon moi, pour bien interpréter l'Évangile. Luther et les autres réformateurs la suivirent pour ramener le christianisme à cette pureté primitive dont les papes avaient si malheureusement dévié. Nos pasteurs et nous, Monsieur, nous la suivons, autant qu'il est en nous, avec la ferme certitude de travailler pour les générations à venir et de n'être pas inutiles aux générations présentes.

Ch. W.

RÉPONSE.

Vous et moi, nous différons entièrement, Monsieur, par la manière d'envisager la réformation; non que je ne lui rende une entière justice : je la regarde aussi comme une œuvre grande et utile; mais c'est bien moins à cause du bien qu'elle peut faire que du mal qu'elle empêcha. Elle a sans doute servi les progrès, en paralysant l'action d'un clergé rétrograde, dans une portion de l'Europe, et en arrachant le génie à l'influence matérielle et morale de la papauté; je vous accorde cela, bien qu'il ne me soit pas absolument démontré que ce qui s'est fait en France, malgré Rome, n'eût pu de même arriver ailleurs. Mais jusqu'ici je ne vois pas d'action directe. La réformation, remarquez-le, non seulement ne se plaça point à la tête de la civilisation, comme le catholicisme dans ses beaux jours, non seulement elle ne la dirigea point et ne fut point sa libératrice, en la conduisant, sous son aîle, à travers des âges ignorans et dévastateurs, mais elle ne lui fut pas seulement en aide, mais elle resta tout à fait en dehors, sinon en arrière.

Le clergé protestant, lorsqu'il ne fit pas, comme parmi vous, une honteuse alliance avec les abus (et les abus des siècles féodaux, qui plus est), montrant autant d'orgueil, de cupidité, d'égoïsme qu'en avait montré son prédécesseur, resta absolument étranger aux choses terrestres, du moins pour ce qui ne regardait pas ses membres personnellement; et en cela il fut conséquent avec lui-même : ses oracles avaient enseigné que le vrai chrétien ne vît pas de la vie de ce monde.

Aussi quelles sont les grandes œuvres philanthropiques dues précisément au protestantisme? Où voyez-vous, dans les états protestans, des efforts de bienfaisance et de charité civilisatrice, qui ne se retrouvent chez quelque autre nation non réformée? Prenez pour exemple la France et l'Angleterre; comparez ces deux peuples placés chacun sous l'influence de son culte (si toutefois cette influence n'est point usée depuis des siècles); vous trouverez chez l'un et l'autre les institutions, les mœurs, les lois et tout ce qui jusqu'ici constitua le lien social, tombé au même point de discrédit, également attaqué ou délaissé. Mais, si des progrès ont eu lieu parmi vous dans certaines directions, parmi nous ces progrès n'ont pas été moindres, bien que les prêtres d'aucune communion n'en puissent revendiquer la moindre part. En Angleterre et en France, la dépravation politique, l'insubordination, les passions des partis, le besoin de réformer ou de détruire en sont à peu près au même point, et le culte n'y est pas moins impuissant que la loi, soit pour conserver, soit pour créer; d'où l'on peut conclure que le protestantisme, comme le catholicisme, est aujourd'hui insuffisant à diriger la société; ajoutons même qu'il vint trop tard pour avoir cette prétention.

Ce n'est pas à dire pour cela que le principe chrétien ait vieilli : il ne saurait vieillir. En réduisant toute sa doctrine à l'obligation d'aimer le prochain comme soi-même, Jésus la mit à l'épreuve des siècles; car, dans tous les temps, dans tous les lieux, le bien du plus grand nombre doit dépendre des dispositions de chacun envers tous, de ce précieux amour du prochain qui fait un devoir à tout homme de contribuer au bien public par tous les moyens qui sont en lui.

Malheureusement l'efficacité des moyens, variant avec les temps, il peut arriver que tel précepte, après avoir d'abord favorisé la classe la plus nombreuse, lui devienne d'autant plus contraire un jour. Les exemples ne me manquent pas à l'appui de cette opinion. Qu'y eut-il de plus favorable au pauvre que l'interdiction du travail à certains jours, dans un temps où les riches avaient à leur service des milliers de bras qui ne pouvaient travailler qu'à leur profit? Le repos fut long-temps pour le serf ne possédant rien, ne pouvant disposer du fruit de sa peine, ce qu'il est pour le nègre aux Colonies, une conquête sur la tyrannie et sur l'avarice; car la nourriture était au moins assurée à cette classe inhérente à la propriété, fesant partie du domaine comme le bétail; mais aujourd'hui, tout au contraire, les fêtes ont un résultat onéreux pour les hommes de labeur. Un repos trop fréquent les mettrait bientôt sans pain; d'autant plutôt que les fêtes ne les privent pas seulement du salaire, elles les engagent aussi à des dépenses disproportionnées à leur condition, surtout depuis qu'ils passent bien moins de temps dans les églises. — Je conclus que le travail devrait être sanctifié comme le repos le fut jadis.

On pourrait en dire autant de l'interdiction de certains alimens à certains jours, du mépris des richesses, et de l'anathême lancé contre le luxe. Les quatre-temps, le carême, lorsqu'ils furent établis, ne pouvaient guère atteindre que les classes assez riches pour se livrer à des excès abrutissans qui aggravaient le sort du serviteur en rendant le maître plus violent et plus dur; car, de ne pouvoir manger de la viande que cinq fois par semaine, cela ne pouvait être une pénitence pour celui à qui ses ressources en interdisaient l'usage toute l'année. Il est clair aussi que le jugement du christianisme sur le luxe et sur les richesses pouvait, en rendant les seigneurs moins orgueilleux et moins intéressés, soustraire leurs vassaux à bien des exigences cupides; mais le luxe aujourd'hui a de tout autres conséquences pour le pauvre. C'est un tribut que la vanité lui paie, au lieu d'un impôt; tribut nécessaire, qu'on ne pourrait supprimer sans ramener trop de bras à la terre, dans un temps où les besoins factices sont trop multipliés pour que la terre puisse suffire à tous.

Ainsi il arrive que ce qui dut être proscrit à une époque doit être divinisé dans une autre, sous peine de méconnaître les intérêts du plus grand nombre en sacrifiant *l'esprit* à *la lettre*, ce qui est peu chrétien, peu conforme au plus essentiel des préceptes, celui qui les résume tous, et auquel par conséquent tous les autres doivent céder. C'est pourquoi vous et vos pasteurs me semblez errer, Monsieur, en pensant que l'Écriture doit être interprêtée de nos jours comme elle le fut plusieurs siècles avant nous. Je trouve bien plus orthodoxes ceux qui pensent qu'hors l'obligation d'aimer son prochain, qui ne saurait périmer jamais, à moins d'un anéantissement de la foi, il n'y a point de précepte dans le christianisme qui ne doive fléchir selon l'exigence des temps. Obéissez aux puissances, a dit l'apôtre; et l'opinion est une puissance, l'opinion est un fait qu'on ne peut détruire en un jour, sans recourir à des moyens désavoués par le vrai chrétien. Tenez donc compte de l'opinion.

MONSIEUR,

Il m'est impossible d'admettre que la parole de Dieu, parole toujours salutaire, toujours vivifiante, toujours pure, doive se modifier, selon les temps, selon les lieux, pour se plier à des exigences terrestres, à des systèmes. Je suis persuadé, bien au contraire, qu'elle doit demeurer immuable.

Sans doute il est d'un chrétien d'obéir à la loi, fût-elle illégitime, s'il n'en coûte que des sacrifices temporels, des privations charnelles, et qu'il soit d'ailleurs prouvé qu'on ne puisse s'y soustraire sans violence. Mais autre chose est se soumettre aux lois, autre chose s'incliner devant l'opinion; car, par ce mot, vous entendez, j'imagine, l'esprit dominant d'une époque, la voix du plus grand nombre, qui n'est pas toujours respectable. Beaucoup d'opinions ont disparu qui furent long-temps souveraines, beaucoup d'autres règnent encore, qui finiront par disparaître; et cela, j'aime à le croire, sans emporter vos regrets ni les miens. Mais le plus sûr moyen de délivrer l'humanité de ses funestes erreurs, n'est-ce pas de leur opposer le corrosif le plus puissant, je veux dire l'Évangile? Vous ne sauriez le nier, Monsieur, sans manquer à vos convictions ou renoncer à être d'accord avec vous-même.

La fin de votre lettre fait allusion à un passage de St-Paul, et, de ce que l'Apôtre recommande soumission aux lois, vous donnez à comprendre qu'il réclamait aussi le silence en faveur des opinions de son temps. Or, les opinions d'alors, c'était le paganisme dégénéré, l'ilotisme politique et civil du plus grand nombre et le droit de commander en possession de quelques familles; enfin tous les égaremens de l'esprit humain avec la démoralisation, les renversemens, les attentats d'une société caduque; et vous savez si les disciples du Christ restèrent muets en présence de tout ce qui blessait leur charité; vous savez avec quel courage ils luttèrent contre les erreurs et les vices de leur siècle, contre les intérêts des oppresseurs et l'ignorance même des opprimés. Tout fut attaqué par eux sans aucune considération humaine, et les plus heureux résultats suivirent leurs efforts. En vain on déchaîna contre eux jusqu'aux classes dont ils épousaient les intérêts, en vain on les immola aux faux dieux par la main de ceux-là mêmes qu'ils voulaient racheter par leur sang; la semence de leur parole resta après eux pour fructifier un jour. Vous savez combien rapidement elle grandit.

Bientôt les disciples de Jésus furent souverains maîtres de l'opinion; et la tyrannie ne put empêcher les populations de se convertir aux nouvelles croyances.

Les premiers papes firent aussi une guerre constante et victorieuse aux erreurs de leur temps. Ils combattirent incessamment l'opinion, ce despote de tous les siècles, que vous semblez vouloir légitimer, Monsieur ; et par là surtout ils ont droit à notre estime.

Leurs successeurs, au contraire, en cédant aux erreurs accréditées pervertirent la foi et rendirent la religion impuissante pour le bien. Accouplée par eux à la politique, elle devint l'humble servante des plus illégitimes ambitions, ne fut plus bientôt que le satellite de tous les despotismes, au lieu d'être le phare de la civilisation et de la véritable liberté. Un contact étranger à son essence la corrompit, comme il arrive d'une eau pure dont on détourne le cours pour la conduire à travers les immondices d'une cité. Aussi l'église soi-disant chrétienne, devint-elle le soutien des causes les plus iniques. Auxiliaire de toutes les mauvaises passions, le clergé catholique se montra ambitieux, flatteur, avare, vénal, livré aux plaisirs et aux folles joies du monde, jusqu'à ce que la réformation vint, dans une grande partie de l'Europe, rendre au christianisme sa pureté primitive. Pour ramener dans son lit cette eau vivifiante, on opposa la seule lumière de l'Évangile aux abus introduits en son nom, unique remède qui pût les détruire; et je n'en conçois point d'autre encore aujourd'hui. Négliger de recourir au christianisme ou en altérer la source, c'est vouloir éterniser la crise actuelle, enlever la clé de voûte à cet édifice séculaire sous lequel l'avenir doit trouver abri. Sachons donc entourer la Bible d'un saint respect; présentons le christianisme comme impérissable, comme invariable, si nous ne voulons manquer au plus impérieux des devoirs chrétiens, en privant des bienfaits de la parole de vie les générations qui viennent à nous.

RÉPONSE.

Monsieur,

Il semblerait, à vous lire, que j'eusse dit des choses bien opposées à mes principes. Présenter l'opinion comme un fait dont on ne peut s'empêcher de tenir compte ce n'est nullement prétendre que toute erreur accréditée ait droit à nos respects.

Je n'ai rien prétendu de tel, j'ai vu simplement dans les préventions qui existent contre la Bible un obstacle grave et durable aux efforts de ses propagateurs ; obstacle dont j'ai conclu, assez naturellement, ce semble, que le bien qu'ils se promettent de leur zèle ne nous peut arriver de sitôt. A cela vous répondez, Monsieur, que le christianisme, dès son origine, heurta de front, avec succès, toutes les vieilles opinions, ce que je ne songeais nullement à contester. Les premiers chrétiens, il m'en coûte peu de l'avouer, n'hésitèrent pas à se déclarer bien ouvertement contre la religion, la morale du temps, la politique : ils s'attaquèrent à l'état social tout entier, toujours les plus forts dans la lutte, toujours avançant de progrès en progrès, malgré les obstacles et les persécutions des mainteneurs d'alors; mais le paganisme, arbre séculaire, desséché dans ses racines, tenait à peine au sol, comme tout ce qui avait grandi sous son ombre; c'était une institution caduque, au lieu que les opinions contraires à votre prosélytisme ont encore toute leur intensité, et que leurs partisans les professent de jour en jour avec une plus grande apparence de raison. De plus, le christianisme naissant promettait à la classe la plus nombreuse des biens temporels, une condition moins servile et moins dure. La majeure portion de l'humanité sentit sa chaîne s'alléger à l'apparition du nouveau culte; et tout un sexe, sans exception de classes, put se promettre d'être un peu moins subalternisé par l'autre. Mais vos missions, quel rayon d'espoir font-elles briller aux yeux du pauvre, quel baume répandent-elles sur les privations et sur les douleurs? Est-ce que l'ilote politique et civil peut espérer par elles plus de bonheur ici-bas et moins de mépris? Est-ce qu'on entend vos prédicateurs réclamer l'affranchissement du travail, c'est-à-dire un état social qui mette fin à l'exploitation de l'homme par son semblable? Les voit-on, enfin, prendre parti pour les faibles contre les abus et les priviléges profitables aux seuls puissans? Non, vos prédicateurs dispensent au pauvre les béatitudes célestes, et vos évêques prélèvent les dîmes avec le secours de la force armée. Les uns et les autres ne parlent pas plus au cœur de l'indigent ni à ses besoins qu'à sa raison. Le christianisme, tel qu'ils l'entendent est une dérision; tel que vous l'entendez, vous-autres, il aurait le désavantage d'être une institution rétrograde, une restauration d'un passé mort à jamais, qui ne prétendrait pas à moins qu'à faire rebrousser le cours des siècles, au lieu d'être, comme aux temps que vous semblez regretter, une opinion nouvelle, aussi féconde dans l'application que noble et consolante en théorie. Géant décrépit, au dos voûté, aux genoux débiles, l'ancien christianisme voudrait en vain affronter le torrent innovateur, par qui tout est emporté, et qui engloutit tout ce qui se refuse à flotter avec lui.

Mais vous rejetez tout ce qui pourrait le moins du monde remettre en question les formes du culte. On a beau vous montrer qu'en religion, comme en toute chose qui se lie aux destinées humaines, certaines pratiques, de bonnes qu'elles furent dans un temps, sont devenues inutiles ou funestes dans un autre; vous n'en voulez pas moins étreindre à tout jamais le génie civilisateur dans les langes de l'Église primitive. Selon vous, douze hommes du peuple auraient compris, il y a dix-huit siècles, les destinées éternelles de l'humanité : vous faites dépendre l'avenir le plus reculé des préceptes les plus indifférens à l'ensemble de la doctrine, et vos missionnaires ont votre admiration parce qu'ils s'efforçent de copier les apôtres, à la charité près, parce qu'ils répètent tout ce que les apôtres ont enseigné, sans aucun égard pour les temps, sans y rien ajouter ni en rien supprimer, rien, pas même ce fameux passage où Saint-Paul a dit :

« J'ai vécu avec les Juifs, comme juif, afin de gagner les » Juifs.

« Avec ceux qui sont sous là loi, comme si j'eusse encore » été sous la loi, quoique je n'y fusse plus assujeti, pour gagner ceux qui étaient sous la loi; avec ceux qui n'avaient » point de loi, comme si je n'en eusse point eu moi-même, » pour gagner ceux qui étaient sans loi.

» Je me suis rendu faible avec les faibles. Enfin je me suis » fait tout à tous pour les sauver tous.

Passons, Monsieur, des contradictions qui vous sont communes avec vos co-religionnaires à celles qui vous sont propres. Vous regardez la religion comme incompatible avec la politique, en même-temps que vous proposez la religion comme seul remède aux maux politiques qui nous affligent; vous accordez à un enfant assez de pénétration pour comprendre l'Évangile, par conséquent vous devriez admettre l'inutilité des prédicateurs, des livres acétiques, des catéchismes, dont vous faites cependant le plus grand cas; enfin vous vous élevez contre toute interprétation rationelle, tout commentaire inspiré par des considérations terrestres, toute variation réclamée par l'esprit du temps, alors que vous donnez votre admiration aux apôtres, aux pères de l'Église et même à certains papes qui furent les commentateurs de Jésus, pour ne pas dire les amplificateurs. Comparez les Actes aux Évangiles, comparez saint Paul aux autres apôtres et à lui-même, vous les verrez différer tous de leur maître autant qu'ils diffèrent entr'eux. Ce n'est pas ici le lieu d'examiner s'ils sont en progrès sur lui; j'ai seulement à justifier mes opinions en combattant les vôtres, et pour cela je reprends vos assertions.

Vous accordez à tout homme animé d'un bon esprit assez d'intelligence pour ne jamais s'abuser sur le sens de la Bible; cependant il a été écrit: « La lumière a brillé dans les ténè» bres, et les ténèbres ne l'ont point comprise.... Je suis venu, » et on ne m'a point connu. »

Rien ne saurait être ajouté aux Écritures, selon vous; cependant Jésus disait: « J'ai encore beaucoup de choses à vous dire; » mais présentement elles passent votre portée.... Quand l'esprit » de vérité sera venu, alors il vous enseignera toute vérité. »

Rien, selon vous, ne peut être retranché de la Bible, rien n'y peut être changé; cependant Jésus continuait: « Je suis la » vraie vigne; mon père est le vigneron: il *retranchera* en » moi *toutes les branches* qui ne *portent pas de fruit*, — et il » *émondera* toutes celles qui *ne portent pas assez de fruit*, » afin qu'elles en portent davantage. »

De ces autorités ne peut-on pas conclure que l'esprit de Dieu n'a pas tout dit, et qu'il n'a pas été toujours compris? Et s'il n'a pas tout dit, s'il n'a pas été toujours compris, n'est-il pas naturel de penser que la Bible doive être modifiée, interprêtée, complétée? mais vous ne voulez pas seulement qu'on la commente. Chacun, pensez-vous, doit l'interprêter suivant ses lumières; car vous êtes persuadé que les lumières que chacun a reçues peuvent lui suffire. A ce sujet je vous demande la permission de vous rappeler combien de fois vous avez déploré en ma présence les égaremens où sont tombés tant de vrais croyans, dans la ferme persuasion de bien faire pour leur salut. Plus que moi, vous étiez persuadé que l'Ecriture, sans enseignement, loin d'être un remède est un poison.

Je n'insiste pas sur les raisons que vous en donniez : ce serait répéter ce que chacun s'est dit, revenir sur des excès de fanatisme ou d'hypocrisie dont l'histoire n'offre que trop d'exemples; mais je ne puis passer sous silence l'erreur où vous tombez en regardant comme une nécessité la séparation du spirituel et du temporel. Cette erreur fut celle du 18e siècle, et beaucoup d'excellens esprits la partagent encore; mais les voltairiens avaient pour motifs les abus nés de l'alliance d'une mauvaise politique avec une religion dégénérée, et les publicistes qui veulent aujourd'hui encore condamner tout prêtre à demeurer absolument étranger aux affaires de son pays ont sous les yeux le mauvais vouloir d'un clergé que ses opinions comme ses passions rendent insocial. L'opinion de M. Mauguin sur l'intervention des ecclésiastiques dans les affaires de l'état, me semble aussi facile à expliquer que l'opinion de l'abbé de La Mennais sur l'intervention du pouvoir dans les affaires du clergé.

L'illustre théologien avait vu la religion et la politique mutuellement viciées; car la pensée sacrilége d'asservir toute l'espèce humaine à quelques hommes les avait rapprochées. Une telle alliance lui parut monstrueuse; et, dans son indignation, il s'écria, que ce que Dieu avait séparé ne devait pas être uni. Rendez à César (c'est-à-dire au pouvoir brutal) ce que vous ne pourrez pas lui ôter, et à Dieu (c'est-à-dire au pouvoir établi dans l'intérêt de tous) ce qui est à Dieu. — Toute ame honnête eût pensé comme La Mennais.

Mais il était impossible qu'un génie vaste et profond fût longtemps sans comprendre que séparer la religion de la politique c'était la rendre impuissante pour le bien, et que priver la politique de l'appui de la religion c'était réduire le pouvoir à n'exercer d'influence que par l'intérêt et par la crainte, c'est-à-dire rendre tout gouvernement de plus en plus difficile, et méconnaître en même-temps le plus essentiel des commandemens de Jésus; car est-il possible d'aimer ses frères comme soi-même (je ne cesserai de le demander) sans s'occuper de leur sort ici-bas, sans chercher tous les moyens d'adoucir leurs privations et leurs douleurs ? Et peut-on atteindre ce but sans la science du bien public, qui n'est autre que la science d'administrer et de gouverner, c'est-à-dire la politique ?

On ne peut donc nier que la religion se lie avec la politique d'une manière intime, et de là à reconnaître que le culte doit changer à certaines époques, il n'y a qu'un progrès à faire. Ce progrès La Mennais l'a fait ; il est même allé plus loin ; il a voulu être le régénérateur du principe chrétien ; il a taillé le cep vieilli pour en faire sortir une sève nouvelle. D'un rocher aride il a fait jaillir une eau abondante où viendra se désaltérer toute une génération ayant soif de bien-être, d'indépendance, de justice.

La Mennais a compris ce qui manquait à son époque. Il s'est adressé aux intérêts les plus généraux, aux opinions les plus accréditées, aux passions les plus généreuses et les plus vives. Sa politique est la politique du cœur ; sa religion, la religion de la chair et de l'esprit. Elle n'en sera que mieux comprise.

Ne m'opposez pas l'isolement de sa foi, ni les accusations, les calomnies soulevées contre le plus célèbre de ses écrits : la parole de La Mennais est tombée comme une bonne semence sur un sol disposé à la recevoir. Cette semence est encore en germe ; bientôt elle lèvera malgré les dégâts et les rauques vociférations de lugubres antagonistes ; car, après les frimats, de beaux jours viendront, et soyez persuadé que le printemps approche.

Nous sommes dans un temps où les idées nouvelles prennent un essor bien prompt. Rappelez-vous, Monsieur, que nous nous trouvions ensemble, il y a moins de cinq ans, dans une réunion de la capitale, où de jeunes prédicans exposaient une doctrine généralement désavouée de tout l'auditoire. Il n'y avait pas alors trente personnes en France qui partageassent leurs opinions, sous le moindre rapport ; aujourd'hui il est peu d'esprits avancés qui, sciemment ou à leur insu, n'aient embrassé beaucoup de points de leur doctrine. Aujourd'hui, La Mennais se trouve l'adepte de ces novateurs que les esprits les plus affranchis du vieux temps, les plus anti-catholiques, ne pouvaient écouter de sang-froid ; La Mennais aujourd'hui ne diffère des Saint-Simoniens que parce qu'il les a dépassés.

Les Saint-Simoniens n'ont vu dans l'association qu'un moyen d'augmenter le bien-être par le travail ; La Mennais conseille aux pauvres de s'unir, non-seulement pour éloigner la misère et la faim, mais aussi pour chasser leurs oppresseurs. Il légitime l'usage de la force, quand elle a pour but de relever la dignité de l'homme en le rendant libre ; il fait de la révolte des opprimés un religieux devoir, et exhorte, au nom de Dieu, ceux qui combattent pour la tyrannie à s'armer contre les tyrans.

Les Saint-Simoniens n'ont vu quelque possibilité d'organiser la société suivant leurs doctrines que dans un avenir lointain ; La Mennais, plus impatient, sinon plus clairvoyant, s'écrie que les temps approchent..... Et vous savez l'accueil fait aux paroles prophétiques de celui qui naguère déplorait l'indifférence religieuse de son siècle. Deux camps se formèrent à l'apparition des *Paroles d'un Croyant*, et ce n'était certainement pas de style qu'il s'agissait ; la discussion était certainement autre chose qu'une discussion d'école : d'un côté on a applaudi avec conviction, de l'autre on s'est passionné à condamner ; en un mot, on a insisté, on insiste encore sur un opuscule, dans un temps où tant d'écrits, bien dignes d'être remarqués, ont une existence si peu durable !

Le siècle n'est plus indifférent en matière de religion ; nous n'en doutons, Monsieur, ni l'un ni l'autre, et tous deux nous augurons bien de ce changement. Il est seulement question entre nous de savoir si cette tendance religieuse de notre époque finira par un retour au christianisme primitif. Pour moi, je me range de l'avis de ceux qui ne croient pas à un tel retour ni ne le désirent. Enseigner au siècle tout ce que les apôtres enseignaient, et rien que ce qu'ils enseignaient, me semble aussi étrange qu'il le serait de se borner à la physique de Moïse ou de chercher dans la médecine des anciens Grecs des remèdes à des maladies qui n'existaient pas de leur temps.

Je sais que mes rapprochemens vous paraissent autant de blasphèmes. Alors que rien n'est immuable autour de vous, que tout disparaît ou se transforme, beaux-arts, littérature, politique, tout, vous pensez que la seule religion doit être à jamais constante dans ses formes.

La religion est l'œuvre de Dieu, dites-vous. Je n'ai nulle envie de le contester ; mais à mes yeux Dieu seul est permanent, et je craindrais de blasphémer, si j'allais me le représenter condamné à se répéter sans cesse dans son action sur nous, ou si je pouvais supposer que, lassé dans sa bonté, il ne daigne plus s'occuper des humains et croise les bras sur le sort du monde. J'aime bien mieux le concevoir toujours infini dans son amour, toujours fécond, toujours nouveau dans ses œuvres ; car je n'aperçois dans la création rien qui me démontre l'immuabilité des œuvres de Dieu ; et l'idée de changement par sa volonté ne contredit en rien, selon moi, l'idée de puissance.

On dit bien que les corps célestes se meuvent tous dans le même ordre depuis une longue suite de siècles ; mais des siècles que sont-ils dans l'éternité ? Pouvez-vous affirmer avec certitude que jamais rien n'a changé dans le firmament, que ces globes qui brillent sous les cieux furent toujours disposés dans le même ordre et toujours en même nombre ?

J'étudie la révélation, et je vois le créateur, dirigeant d'abord l'humanité en personne, apparaître aux hommes, non pas en esprit, mais en corps ; je vois ensuite Dieu susciter Moïse ; puis, à Moïse succède Jésus, qui annonce au Monde plus de vérités qu'il n'en révèle, disant que le Monde n'est pas encore en état de le comprendre ; Jésus, qui promet la venue de l'esprit de Dieu quand l'esprit humain aura plus de portée, quand les temps de vérité seront venus.

Ne peut-on supposer, Monsieur, que l'esprit humain, en général, a plus de portée aujourd'hui qu'à la venue du Christ ? Et de cette concession, que vous ne sauriez sans doute me refuser, ne s'ensuit-il pas que de nouvelles vérités nous peuvent être révélées, comme il a été prédit ?

Ces vérités tant désirables, un autre Messie viendra-t-il les apporter ? J'ai déjà répondu à cette question. Néanmoins, j'ajouterai que si Dieu a dû venir en corps, dix-huit siècles avant nous, il peut aujourd'hui sembler conforme aux progrès des temps de ne l'attendre qu'en esprit, suivant qu'il promit qu'il viendrait.

Mais l'esprit de Dieu n'est-ce pas l'esprit de quiconque sait parler le langage de la civilisation, de la charité, de la justice, et agit d'accord avec ses préceptes ? car Dieu n'est-ce pas celui qui règle le Monde dans l'intérêt de tous, n'est-ce pas celui qui inspire la bienfaisance et la justice ? Dieu n'est-ce pas l'intelligence ?

Dieu fut un, lors de l'enfance du monde ; puis trois personnes furent un seul Dieu ; un jour, plus de mille ne seront qu'un, et le monde espérera et mettra sa confiance en eux tous, parce qu'ils agiront et penseront d'accord comme un seul ; un jour tout homme de bonne volonté et d'intelligence sera aux yeux des hommes comme une portion de Dieu.

www.ingramcontent.com/pod-product-compliance
Lightning Source LLC
LaVergne TN
LVHW020250230826
846091LV00006B/2335
* 9 7 8 2 0 1 1 7 7 1 7 8 0 *